EXAMEN

DE LA

PROPHÉTIE DE BLOIS

AU POINT DE VUE

DE LA SITUATION ACTUELLE

AVEC UN APPENDICE

SUR LA FACULTÉ DE PRÉVISION OBSERVÉE DANS QUELQUES

ÉTATS PHYSIOLOGIQUES OU MORBIDES

PAR

LE DOCTEUR F. ROUX

(DE CETTE)

———×———

PARIS	MONTPELLIER
CHEZ VATON FRÈRES	CHEZ FÉLIX SEGUIN
LIBRAIRES	LIBRAIRE-ÉDITEUR
...vard Saint-Germain	rue Argenterie, 25

M DCCC LXXI

EXAMEN

DE LA

PROPHÉTIE DE BLOIS

AU POINT DE VUE

DE LA SITUATION ACTUELLE

MONTPELLIER

IMPRIMERIE CENTRALE DU MIDI

Ancienne maison Gras. — RICATEAU, HAMELIN ET Cᵉ

EXAMEN

DE LA

PROPHÉTIE DE BLOIS

AU POINT DE VUE

DE LA SITUATION ACTUELLE

AVEC UN APPENDICE

SUR LA FACULTÉ DE PRÉVISION OBSERVÉE DANS QUELQUES
ÉTATS PHYSIOLOGIQUES OU MORBIDES

PAR

LE DOCTEUR F. ROUX

(DE CETTE)

PARIS
CHEZ VATON FRÈRES
LIBRAIRES
boulevard Saint-Germain

MONTPELLIER
CHEZ FÉLIX SEGUIN
LIBRAIRE-ÉDITEUR
rue Argenterie, 25

M DCCC LXXI

La prophétie de Blois a fait beaucoup de bruit l'année passée ; ensuite, paraissant en défaut, elle était tombée dans l'oubli, lorsque les épouvantables événements qui se sont accomplis en dernier lieu ont soudainement jeté la lumière sur quelques-uns de ses passages dont on avait méconnu le sens et la portée. Je crois que le moment est venu de l'examiner à fond, et que l'étude suivante peut intéresser les esprits sages et réfléchis, également éloignés d'une crédulité aveugle et d'une incrédulité systématique. Mon seul but, en publiant ce travail, est d'appeler leurs méditations et leur contrôle sur les questions que j'y débats.

Après avoir attentivement compulsé les documents émanés du couvent des Ursulines, en rejetant les interpolations et altérations étrangères, je me suis appliqué à coordonner avec soin ces matériaux précieux, et ensuite à dresser un tableau synoptique dans lequel figurent, sur deux colonnes, les prédictions et les événements, afin que le lecteur puisse facilement les saisir et les comparer.

Je termine en jetant un coup d'œil sur le mode de prévision spécialement observé chez quelques somnambules et, en même temps, sur l'Encyclique dirigée contre les abus dont le magnétisme peut devenir la source.

Dans l'exposé de ces matières, comme dans l'examen de la prophétie, toute mon ambition est de répandre un peu de clarté.

Novembre 1871.

EXAMEN

DE LA

PROPHÉTIE DE BLOIS

AU POINT DE VUE

DE LA SITUATION ACTUELLE

CHAPITRE Ier

DU DOUTE ET DE L'EXAMEN

—

Le véritable philosophe ne se laisse dominer par aucune idée préconçue. Rejetant à la fois les négations hasardées et les affirmations téméraires, son esprit exact réclame des témoignages authentiques lorsqu'il s'agit de faits, et des arguments décisifs lorsqu'il s'agit de théories. Une pointe frivole, un sourire moqueur, qui paraissent à bien des gens des réfutations sans réplique, sont pour lui comme non avenus. Fortement retranché dans la citadelle du doute, il brave les feux insuffisants des troupes légères, et ne cède qu'à de vigoureuses batteries, c'est-à-dire à de puissantes raisons.

Ce n'est point ainsi que procèdent les esprits superficiels, si prompts à recevoir sans discernement toutes les rumeurs semées dans le public ou dans les journaux, et, d'un autre côté, les incrédules, opiniâtres, ennemis acharnés de tout ce qui dépasse leur intelligence. Ces prétendus esprits forts sont de pauvres logiciens. Ils ont une foi irréfléchie dans leurs négations. « Incrédules, les plus crédules », dit Pascal.

Quelques-uns d'entre eux affichent la contradiction pour se poser en hommes supérieurs, ou par mauvaise honte en face d'autres incrédules, qui, dans le fond peut-être, sont également esclaves du respect humain.

Entre une opposition rétive et l'excès opposé, il faut garder une mesure convenable et n'adopter jamais d'avis qu'après un sérieux examen.

En matière de religion, la foi s'élève au rang des vertus, parce qu'elle dénote un cœur droit, et entraîne pour conséquences des devoirs et des sacrifices dont l'acceptation est aussi pénible que méritoire. Mais, en fait de science humaine, les conditions diffèrent. Sur un terrain de ce genre l'on doit gravir avec patience les sentiers escarpés de l'étude, pour atteindre, à la longue, le sommet radieux de la conviction.

Il est un point sur lequel certaines oreilles ne veulent rien entendre : c'est le surnaturel. On peut dire qu'il y a quelque chose de plus rare qu'un miracle : c'est de trouver un incrédule qui consente à l'examiner. Les raisonneurs de cette espèce admettent en principe que le surnaturel n'existe pas : voilà pour eux un axiome incontestable, un article capital de leur *credo* retourné. Dès lors, quand un fait rentre dans cette catégorie, ils n'hésitent pas à le repousser comme une absurdité manifeste.

Rien de moins fondé que ce prétendu axiome. Il n'a d'autre base que l'étroitesse d'esprit de ceux qui le soutiennent, ou leur antipathie machinale pour tout ce qui tient aux vérités religieuses. Les critiques sensés appliquent la sentence d'Arago : « En dehors des mathématiques pures, il est imprudent de prononcer le mot : *impossible*. »

Au lieu d'imposer aux opérations divines les bornes de l'intelligence humaine et de proclamer d'avance l'inadmissibilité de tel ou tel fait, on doit rechercher avec soin s'il est faux ou réel. Voilà tout.

C'est la méthode que je vais suivre.

CHAPITRE II

—

Commençons par réfuter quelques sophismes qui tomberaient d'eux-mêmes, sans le prestige des plumes célèbres dont ils émanent.

Pour se débarrasser des prophéties, Voltaire dit : « Il est évident qu'on ne peut pas savoir » l'avenir, parce qu'on ne peut pas savoir ce qui » n'est pas (1). »

Cette affirmation tranchante porte complétement à faux.

Il est reconnu que, dans certains cas, on peut savoir l'avenir. Ne sait-on pas d'avance qu'une éclipse aura lieu tel jour, à telle heure? Ne prévoit-on pas dans l'œuf, l'oiseau; dans le pepin, l'arbre; dans le ver, la chrysalide; dans la chrysalide, le papillon; dans la vie, la mort?

(1) *Philosophie de l'histoire*, chap. 31.

Objecterez-vous que ce sont là les effets néces-
saires des causes présentes, les suites inévitables
des phénomènes actuels ?

Il n'en résulte pas moins qu'on peut savoir ce
qui n'est pas... mais qui sera.

Dans la série des temps, tout se relie et s'en-
chaîne ; l'actuel est le germe du futur, l'avenir
est l'éclosion du présent.

— Voltaire, direz-vous, ne veut parler que des
futurs contingents, qui échappent à toute prévision.

— Mais il s'agit précisément d'examiner si cet
avenir, inconnu à la généralité des hommes, ne
peut jamais être dévoilé à quelques-uns. Décider
a priori que c'est impossible, c'est résoudre la
question par la question ; c'est commettre une
pétition de principe.

De son côté, Rousseau s'est fourvoyé en di-
sant : « Aucune prophétie ne saurait faire auto-
» rité pour moi, parce qu'il faudrait pour cela trois
» choses dont le concours est impossible, savoir:
» que j'eusse été témoin de la prophétie ; que je
» fusse témoin de l'événement, et qu'il me fût
» démontré que cet événement n'a pas pu cadrer
» fortuitement avec la prophétie (1). »

Avoir été témoin de la prophétie, être témoin de

_____

(1) ÉMILE, *Profession de foi.*

l'événement, c'est quelquefois possible, ce n'est jamais nécessaire. Il suffit que l'histoire nous atteste l'un et l'autre, en nous certifiant que l'événement est postérieur à la prophétie.

Voilà pour la question de fait. A défaut d'observation directe, le témoignage suffit. Bien ridicule serait l'égoïsme intellectuel de quiconque ne voudrait croire que ce qu'il a vu lui-même ! Le témoignage dispose de la fortune, de la vie, de l'honneur des citoyens. C'est le pivôt de l'ordre social, c'est le garant de la vérité.

Quant à la question de logique, je retourne contre Rousseau l'argument qu'il oppose aux sophistes assez ineptes pour attribuer au hasard la formation du monde. Ecoutons-le : « Si l'on ve-
» nait me dire que des caractères d'imprimerie
» projetés au hasard ont donné l'*Énéide*, tout ar-
» rangée, je ne daignerais pas faire un pas pour
» aller vérifier le mensonge. J'ai l'infini à parier
» contre un que ce produit n'est pas l'effet du ha-
» sard (1). »

Il en est de même lorsqu'une prophétie annonce des particularités assez nombreuses, assez variées, assez indépendantes les unes des autres, pour que son fidèle accomplissement exclue toute idée de coïncidence fortuite.

(1) ÉMILE, *Profession de foi.*

Ceci m'amène à parler des autres conditions requises en cette matière. Il faut rechercher :

1° Si la prédiction est authentique et l'événement bien constaté ;

2° Si la prédiction est réellement antérieure à l'événement annoncé, ou, ce qui revient au même, si le texte de la prophétie n'a pas été altéré après l'événement ;

3° Si l'événement n'a pas été calqué à dessein sur la prophétie, comme par exemple une cérémonie, une institution, qui seraient fondées pour se conformer à une prédiction faite. Alors ce n'est point parce qu'il y aura événement qu'il y a eu prédiction, c'est parce qu'il y a eu prédiction qu'il y a événement ;

4° Si les termes de la prédiction sont suffisamment clairs et précis ;

Il arrive souvent qu'ils semblent vagues et obscurs, tant que la prophétie n'est pas accomplie ; mais, dès qu'elle se réalise, il faut que la lumière se fasse ;

5° Si l'événement n'est pas de telle nature qu'on puisse le prévoir scientifiquement ou le conjecturer.

Telles sont les règles que j'aurai soin d'appliquer.

CHAPITRE III

PROPHÉTIE DE BLOIS

—

Vers la fin du mois de septembre 1870, parut, dans le *Constitutionnel*, une prophétie, dite de Blois, qui fut reproduite par un grand nombre de journaux. Elle fit sensation ; et, quand notre pays roulait vers un abîme, les plus grands ennemis du surnaturel, pareils à des hommes qui s'accrochent à toutes les branches, ne dédaignèrent pas de s'attacher aux promesses de salut qui la terminent, au lieu d'en faire, comme en toute autre circonstance, l'objet de leurs attaques moqueuses.

Quant à moi, j'accordai peu de confiance à ce document, qui manquait à mes yeux d'une condition essentielle : l'authenticité. Voilà une pièce anonyme, publiée sans indication d'origine, sans garantie d'exactitude. Malgré la gravité du journal, puis-je avoir l'assurance que ce texte n'a pas été modifié, dénaturé, en passant de bouche en bouche avant d'arriver sous la plume du rédacteur ? Cette pièce étrange excite ma curiosité sans la satisfaire, et je voudrais être à portée de remonter à la source, c'est-à-dire à la communauté des Ursulines, pour m'édifier sur la valeur de cette version et des variantes insérées dans d'autres feuilles publiques.

Telle était ma pensée, lorsque, au mois d'octobre, je lus, dans le *Constitutionnel*, une lettre de Mme la Supérieure des Ursulines en réponse à un père dominicain d'Abbeville, qui lui avait demandé des renseignements au sujet de la prophétie.

La Supérieure raconte qu'une tourière, nommée Marianne, pleine de dévouement pour la maison, était dans son lit de mort, en 1804, lorsqu'elle parut tout à coup ravie en extase, et annonça l'avenir à une postulante, aujourd'hui mère Providence, qui la visitait. Celle-ci, maintenant âgée de quatre-vingt-treize ans, ayant fait part des confidences qu'elle a reçues, la tradition s'en est conservée dans le couvent et répandue au dehors.

En confirmant d'une manière générale les principaux traits de la version adoptée par le *Constitutionnel*, la digne Supérieure déclare :

1° Que, d'après l'ordre donné par la sœur Marianne, la mère Providence s'était abstenue d'écrire la prophétie ;

2° Que plusieurs détails sont ajoutés ou dénaturés dans les journaux, et les dates des événements assignées après coup.

Par suite de ces restrictions, la prophétie perdit beaucoup dans l'esprit des enthousiastes ; malgré ces restrictions, elle gagna dans le mien, grâce à l'adhésion partielle de la Supérieure, qui donnait à ces prédictions un caractère d'authenticité dont j'avais jusque-là regretté l'absence.

Bientôt après, parut une lettre de M. l'abbé Richaudeau, aumônier des Ursulines, lequel, en signalant aussi la version du *Constitutionnel* comme la plus exacte, relève certains versets comme défigurés, apocryphes ou transposés.

Il y a quelques mois, j'eus connaissance d'une brochure publiée en novembre par M. l'abbé Richaudeau (1). Il y complète, autant que possible, et rectifie le texte de la prophétie, soit d'après la tradition conservée dans le couvent, soit d'après ses notes particulières, soit d'après les renseignements que d'autres personnes ont fournis. Ces prédictions n'ayant été recueillies qu'à bâtons rompus auprès de la mère Providence, on a quelquefois de

_____

(1) *La Prophétie de Blois, avec des éclaircissements.* — Au mois de juin 1871, a paru une nouvelle édition avec de nouveaux renseignements.

la peine à les classer dans l'ordre des événements. Cependant elle a pu se servir des faits relatifs au couvent comme de jalons pour fixer l'époque des événements publics, à mesure qu'ils allaient s'accomplir. Mais, depuis plusieurs années, sa mémoire, affaiblie par l'âge, ne lui permet guère de donner de pareilles indications.

C'est surtout pendant la Restauration et les premières années du règne de Louis-Philippe que ces entretiens avec la mère Providence ont été jetés çà et là sur le papier. M. Richaudeau connaissait la prophétie depuis 1830, première année de son sacerdoce; plus tard, il en a trouvé quelques fragments dans les *Annales* écrites du monastère. Il y a dans le diocèse de Valence un manuscrit qui se termine par cette note : « Le père Ecarlat, religieux, a déclaré, le 16 juillet 1849, avoir reçu ces communications en 1810 et 1812. » Ce document diffère à peine de celui qu'a publié le *Constitutionnel*. La version de ce journal, quoique défectueuse en quelques points, a été écrite par le prêtre de Blois qui connaît le plus anciennement cette prophétie. On possède, depuis longues années, diverses copies à Bergues, à Valenciennes, etc. Une ancienne supérieure, la sœur Céleste, en a aussi rédigé une en 1815, étant alors novice aux Ursulines de   lle sortit pour raison de santé.

Du reste, jamais la communauté des Ursulines n'a eu l'idée d'appeler la publicité sur les révélations de la sœur Marianne. Mais, afin de répondre en bloc à des centaines de lettres sur ce sujet dont tout le monde s'occupait, M. l'abbé Richaudeau a pris la plume pour rétablir la meilleure version.

Il a soin de déclarer que Mgr de Blois a consenti à cette publication, *uniquement à titre de renseignement historique ayant pour but d'exposer la vérité des faits, sans rien décider sur leur nature.*

A plus forte raison ne dois-je opiner que sous toute réserve de soumission à l'autorité religieuse, qui seule a le droit de décider.

Entrons dans l'examen du texte.

CHAPITRE IV

PRÉDICTIONS DIFFICILES A CLASSER

———

Commençons par les prédictions sur lesquelles on n'est pas encore fixé sous tel ou tel rapport :

« Que de massacres ! que de désastres ! On les verra au
» pied des murs, et l'on dira : Comment ont-ils pu arriver
» si vite ? Tous les hommes seront appelés, mais ils re-
» viendront finir leurs travaux.
  » On fera partir tous les hommes par bandes et petit
» à petit ; il ne restera que des vieillards. »

S'agit-il des Prussiens devant Paris et des levées d'hommes décrétées par le gouvernement de Tours ? Ce n'est pas clair.

Voici un exemple de la scrupuleuse réserve que montre sans cesse l'aumônier des Ursulines. Une version dit :

« Quand ces événements commenceront, l'évêque sera
» absent ; il aura quitté Blois avec un prêtre éminent de
» son diocèse ; mais il reviendra seul. »

Or Monseigneur est allé à Rome pour le con-
cile, et le grand vicaire qui l'accompagnait y est
mort. Mais, comme cet article n'est appuyé par
aucun souvenir de la communauté, M. Richaudeau
n'en tire aucune conclusion, à moins qu'on ne
vienne à prouver que cette version remonte à plus
de quinze mois.

« Ce sont les femmes qui prépareront les vendanges ,
» et les hommes viendront les faire parce que tout sera
» fini. »

Faute de dates précises, on a éprouvé de grandes déceptions en rapportant à certains faits les
prédictions applicables à d'autres. Ainsi, pendant l'invasion, l'on croyait, l'an passé, que *tout
serait fini* à l'époque des vendanges. Lorsqu'on
vit la guerre et les désastres continuer, la prophétie parut en défaut ; mais les malheurs récents
montrent que l'article relatif aux vendanges pourrait se réaliser plus tard. Du reste, cet article
n'existe que sur un petit nombre de copies peu ac-
créditées dans le couvent.

« Quelque chose d'important et de grave arrivera pen-
» dant que le confesseur sera absent. »

Sera-ce un événement public ou un fait particulier?

« La mort d'un grand personnage sera cachée pen-
» dant trois jours.... »

Les anciennes copies portent *trois* jours; cependant la mère Providence assure que c'est *onze* jours. Lorsque Mgr Affre fut tué sur les barricades, on la questionna pour savoir s'il ne s'agissait pas de lui : « Je crois, répondit-elle, que c'est un per-
» sonnage d'un autre genre. »

« La mort d'un grand personnage prussien,
» ajoute M. l'Aumônier, paraît avoir été cachée
» dix ou douze jours; serait-ce l'accomplissement
» de la prédiction? »

Je ne pense pas que la sœur Marianne ait voulu indiquer une telle mort, sans influence sur les événements.

« Il y aura une fête ou une cérémonie dont on dira :
» C'est la dernière qui se fera mal. »

Je ne mentionne ceci que pour mémoire.

« Pendant quelque temps, on ne saura pas à qui l'on
» appartiendra; mais ce n'est pas celui qu'on croira *qui*
» *régnera*. (Elle répéta) : *qui régnera, oui !*... Ce sera le
» sauveur accordé à la France, et sur lequel elle ne
» comptait pas. »
» Le Prince ne sera pas là; on ira le chercher. »

« N'y aurait-il pas ici une transposition, dit

» M. Richaudeau, et la sœur n'aurait-elle pas
» parlé de 1815 et de Louis XVIII, qu'on alla
» chercher à Gand? Je n'oserais prononcer. »

Si, placé à la source des renseignements, le con-
sciencieux aumônier n'ose prononcer, que puis-je
décider moi-même? Je ne fais qu'examiner et com-
menter le texte pour ainsi dire officiel, en m'effor-
çant d'exprimer avec soin tout ce qu'on peut en
déduire, comme si je pressurais un fruit pour en
faire jaillir le suc; or ce fruit signalé de l'inspiration, je dois le prendre tel qu'il est offert par
la communauté où le Ciel l'a fait naître.

J'entends les lecteurs s'écrier : — Montrez-nous
donc ce suc merveilleux, destiné à satisfaire notre
soif de vérité! Une prophétie a besoin d'être sanc-
tionnée par les événements : où sont-ils?

— Les voici:

CHAPITRE V

PRÉDICTIONS RELATIVES A DES FAITS PARTICULIERS
ANTÉRIEURS A 1870

—

Lorsque la sœur Marianne annonça l'avenir à la postulante, Mlle de Leyrette (depuis lors mère Providence), celle-ci, surprise et troublée, lui dit de s'adresser aux religieuses.

» Non : les religieuses actuelles ne seront plus au » monde quand les derniers événements que je vous » prédis arriveront, et vous vivrez encore. — Mais ma » mère ne veut pas que je sois religieuse. — Dans six » mois, madame votre mère ne pourra plus s'y opposer. »

Six mois après, Mme de Leyrette était morte. La mère Providence survit depuis longtemps aux anciennes religieuses, et il fallait qu'elle atteignît l'âge de quatre-vingt-treize ans pour assister à des événements qui ne devaient avoir lieu que plus de soixante ans après l'époque de la prédiction.

« On quittera la maison où nous sommes pour une
» autre où l'on sera bien mieux. Mais voilà quelque
» chose de fâcheux : des religieuses ne voudront pas y
» aller et se sépareront de la communauté. — Mais quoi !
» il faut un mur ; nous ne pouvons pas rester comme
» cela...— Eh bien ! on y mettra une cafetière d'argent. »
» Puis, se mettant à rire : « Ah ! c'est bien drôle, une
» cafetière d'argent dans un mur ! »

Huit ans après, les Ursulines achetèrent une petite partie de l'établissement actuel et allèrent s'y installer. Deux religieuses, refusant de les suivre se retirèrent. Il manquait un mur à un côté du jardin de la maison. Quelques années plus tard, une bienfaitrice des Ursulines, Mme de Bongard, voulut le faire bâtir. « J'avais l'intention, dit-elle,
» d'acheter une cafetière d'argent ; j'en fais le
» sacrifice, et je mets ma cafetière dans votre
» mur. »

« Il y aura un évêque à Blois. »

C'était fort invraisemblable en 1804. Elle nomma les mères qui le verraient et celles qui ne le verraient pas.

« La sœur Monique ne le verra pas, mais elle saura qu'il est venu. »

En 1817, le siége de Blois fut rétabli par un concordat, et M. de Boisville y fut nommé. La supérieure dit à la mère Providence : « La pré-
» diction va s'accomplir; nous allons avoir un
» évêque. — Non, répondit Providence, nous
» n'y sommes pas encore. » Les malles de M. de Boisville arrivèrent à Blois. — « Convenez main-
» tenant que nous allons avoir l'évêque. — Non,
» répondit Providence, ses malles ne sont pas lui. »

En effet, le concordat n'ayant pas été présenté aux Chambres, la restauration du siége de Blois resta sans effet, et M. de Boisville fut appelé à l'évêché de Dijon. En consultant les registres de la communauté, M. Richaudeau a découvert qu'une mère Saint-Aubin, désignée parmi celles qui ne devaient pas voir l'évêque, vivait encore en 1817 : voilà pourquoi la mère Providence n'a-vait pas voulu croire à la prochaine venue d'un évêque.

Six ans plus tard, M. de Sauzin fut nommé à l'évêché de Blois, et la mère Providence dit : « Cette fois-ci, nous y sommes. » Elle prévoyait donc que la mère Saint-Aubin allait mourir bien-tôt, puisque celle-ci ne devait pas assister à la venue de l'évêque. En effet, la mère Saint-Aubin mourut en juillet 1823.

La sœur Monique, qui *saurait* que l'évêque est arrivé, mais *ne le verrait pas*, était devenue aveu-

gle depuis le mois de mars, et, à la fin de juin,
elle était presque mourante, à tel point que le médecin avait déclaré qu'elle ne passerait pas vingt-
quatre heures. La mère Providence persistait à
dire que cette sœur ne mourrait pas avant que
l'évêque fût arrivé. Mgr de Sauzin ne vint à
Blois qu'au mois d'août, et ne fit sa visite aux
Ursulines qu'en septembre. Il vit à l'infirmerie la
sœur Monique, à qui l'on annonça qu'il était là,
et, le lendemain matin, elle rendit le dernier
soupir.

« L'évêque s'absentera dans un château. Nos Mes-
» sieurs iront le voir le matin et reviendront le soir. »

Mgr des Essarts, évêque de Blois, n'était pas
favorable aux prédictions de Marianne. Or voici
ce que raconte M. Richaudeau : « Un jour de
» l'année 1848, que l'évêque était au grand sé-
» minaire, dans la chambre du supérieur (j'étais
» présent, et je ne me doutais pas que je serais un
» jour aumônier des Ursulines), les préoccupations
» causées par les événements de février firent
» tomber la conversation sur la prophétie, et
» quelqu'un dit : « Monseigneur, cette prédiction
» annonce que vous irez dans un château. » Il re-
prit avec vivacité : « Certainement non, je n'irai
» pas; je déclare bien que je resterai à Blois. »

Environ un an après, Monseigneur étant tombé malade, accepta l'invitation d'aller au château de Bouceuil respirer l'air de la campagne ; et les messieurs du clergé allèrent plusieurs fois le matin déjeuner à Bouceuil, pour revenir le soir.

« Plus tard, on vous interrogera pour savoir ce que je » vous ai dit ; mais vous ne serez plus en état de ré- » pondre. »

Ceci se rapporte à l'extrême affaiblissement de la mémoire, amené chez la vénérable mère par son âge avancé.

Les annales de la communauté mentionnent tous ces faits simplement, sans prétention, sans montrer aucune tendance à leur donner du retentissement.

Les conditions requises pour dire à juste titre qu'il y a eu accomplissement de prédictions sontelles ici réunies ?

Oui, certes. Authenticité des révélations de Marianne, attestées par un témoin auriculaire, ayant alors toute sa mémoire ; réalité des événements certifiée par la tradition du couvent et par ses annales écrites ; antériorité des prédictions relativement aux événements prédits, puisque la prophétie date de 1804 et que les événements ont eu lieu plusieurs années après, puisque d'ailleurs la mère Providence les annonçait d'une manière exacte, à mesure qu'ils allaient se réaliser. En outre, les événements n'ont pas été calqués à dessein sur la prophétie, puisqu'ils tiennent à des circonstances évidemment étrangères aux prédictions, et que même, dans le cas de l'évêque devant aller à un château, il y avait, de la part de Monseigneur, tendance à mettre la prédiction en défaut. Ajoutons que les paroles transmises par la confidente de Marianne sont en général fort claires ; que les événements étaient impossibles à conjecturer d'avance et que l'ensemble des particularités annoncées et accomplies exclut toute idée de coïncidence fortuite.

Ces conditions se retrouvent dans les faits suivants.

CHAPITRE VI

PRÉDICTIONS RELATIVES AUX ÉVÉNEMENTS PUBLICS ANTÉRIEURS A 1870

—

« La famille des Bourbons reviendra en France alors
» qu'elle semblera oubliée, parce qu'un usurpateur fera
» retentir son nom partout. Sa décadence arrivera lors-
» qu'il se croira le plus affermi.

» Malheureusement il reparaîtra avant un an d'exil et
» régnera ; il ne restera au plus que trois mois.

» La France sera affligée par l'assassinat d'un prince
» qui paraîtra l'unique espérance de nos rois.

» Mais il revivra dans un fils inattendu.

« De nouveaux troubles que vous verrez, mais que les
» mères Saint-Aubin, Saint-Joseph et sœur Monique ne
» verront pas, auront lieu. »

Il est impossible d'indiquer d'une manière plus
nette et plus frappante la Restauration, les Cent-
Jours, l'assassinat du duc de Berry, la naissance
du duc de Bordeaux et la Révolution de 1830, qui

survint quelques années après la mort des religieuses désignées.

Toute la question est de savoir si ces prédictions
sont réellement antérieures à ces événements et si
elles n'ont pas été retouchées après coup.

Or voici là-dessus la déclaration du respectable
aumônier : « Ces passages se trouvent dans un
» fragment copié de la main d'une ancienne supé-
» rieure. Le titre porte qu'il est rédigé d'après une
» confidence faite par la mère Providence en 1813.

» Plusieurs copies à peu près textuelles de ce
» fragment nous ont été envoyées de différents
» côtés. »

Il est bien difficile d'admettre ici quelque erreur ; et, du reste, l'accomplissement de ces prédictions n'est pas plus étonnant que celui des
premières, attestées par toute la communauté.

« On se cachera dans les blés. »

Cela se réalisa lors de la Révolution de juillet,
et bien des personnes l'attestent encore.

« Si ces troubles devaient être les derniers ! Mais ils
» recommenceront dans un mois de février. Vous serez
» sur le point de faire une cérémonie de vœux et vous ne
» la ferez pas. »

La Révolution de 1848 est clairement désignée.

Au commencement de cette année 1848, une
novice étant sur le point d'entrer en profession,

la mère Providence annonça que cette cérémonie n'aurait pas lieu. Néanmoins la novice fut admise le 16 janvier pour s'y préparer. On plaisantait doucement la vénérable mère sur sa persistance à soutenir envers et contre tous le renvoi d'une cérémonie prochaine. Tout à coup on apprend qu'on se bat à Paris et que la république est proclamée ; l'évêque de Blois fait ajourner la cérémonie. Elle n'eut lieu que sept mois plus tard.

Tout cela s'est passé au grand jour. Beaucoup de personnes, à Blois, ont recueilli, d'abord la prédiction, ensuite le fait.

« Alors, avant la moisson, un prêtre de Blois partira » pour Paris ; il y restera trois jours, et reviendra sans » qu'il lui arrive rien. Un autre, qui ne sera pas de Blois, » partira ensuite ; il n'ira pas jusque-là, parce qu'il ne » pourra pas entrer : il reviendra le même jour. »

Lors des journées de juin, un vicaire général, qui vit encore aujourd'hui, partit pour Paris, s'y trouva renfermé par la bataille, et revint ensuite sain et sauf. Le père Liot, jésuite, ayant prêché quelques retraites à Blois, prit à son tour le chemin de fer ; mais il apprit à Orléans que les trains n'arrivaient plus à Paris et revint le soir même.

« Les derniers hommes qui partiront apprendront en » chemin que tout est fini et reviendront. »

M. Richaudeau ajoute qu'on savait parfaite-

ment à Blois, qu'il savait lui-même, dès l'année
1830, qu'il y aurait trois départs pour le combat ;
que ceux qui partiraient en premier et en second
lieu iraient jusqu'au bout et participeraient à l'action, et que les derniers reviendraient sur leurs pas.
Tout cela s'est littéralement accompli à Blois, aux
journées de juin 1848.

Voici deux lignes tirées d'un paragraphe que
je citerai dans un autre chapitre :

« Il arrivera un courrier feu et eau, qui devra être
» à Tours dans une heure et demie, »

Il y a là une prédiction bien remarquable, relative à l'établissement des voies ferrées : *feu et
eau*. Cette expression est authentique, car elle
servit de texte à une foule de commentaires, et
fut traitée de non-sens. Un jour, un grand vicaire
appelé M. Guillois, apercevant le premier bateau
à vapeur qui passait sur la Loire, s'écria tout à
coup, en le montrant à un jeune prêtre : « Je comprends maintenant le courrier de Marianne :
» Voilà le *feu* sur le bateau, et l'*eau* dans le
» fleuve. » Mais cela n'expliquait pas le trajet de
Blois à Tours en une heure et demie. On ne le
comprit qu'à la vue des chemins de fer.

Pourquoi le message ne suivra-t-il pas la voie
bien plus rapide du télégraphe ? Sera-ce parce que
les fils seront coupés ?

CHAPITRE VII

PRÉDICTIONS RELATIVES AUX ÉVÉNEMENTS PUBLICS
EN 1870

—

Dans la lettre dont j'ai parlé plus haut, Mme la Supérieure des Ursulines dit en propres termes : « La mère Providence n'a jamais confondu les évé- » nements de 1848 avec ceux qui regardent l'épo- » que actuelle. Et, ces dernières années, alors que » l'horizon politique commençait à s'obscurcir, elle » répondait à nos interrogations : « Non, ce n'est » pas encore le moment des grands événements. » » Aujourd'hui elle croit que l'époque est arrivée. »

Malgré l'affaiblissement de sa mémoire, la con- fidente de Marianne a senti, à l'approche des ca- lamités publiques, se réveiller en elle le souffle précieux dont elle était dépositaire, et a reçu l'a- vertissement secret de l'orage qui allait éclater.

» Avant les grands désastres, on fera une construction. » La principale bâtisse sera faite, mais on ne fera pas » tout ce qu'on avait projeté. »

En 1851, on construisit une aile de bâtiment :
— « Ce n'est pas de cette bâtisse-là qu'il s'agit, dit
» la mère Providence ; ce sera de ce côté-là. —
» Mais, répliqua-t-on, il n'y a pas dans cette direc-
» tion de terrain disponible. — Marianne a dit
» que ce serait de ce côté-là. »

Or la nouvelle propriété des Ursulines ne fut
achetée qu'en 1812, huit ans après la mort de
Marianne, et ce n'est qu'en 1861 qu'on a fait l'ac-
quisition du terrain où l'on a construit, en 1867,
dans la direction annoncée par la mère Providence, la *principale bâtisse*, mais non pas tout ce
qu'on avait projeté.

« Ces pauvres séminaristes !.. mais il ne leur arrivera
» rien, car ils seront sortis quand les malheurs arrive-
» ront. Ils ne rentreront pas au temps fixé ; pourtant ils
» auraient pu rentrer. »

Tout cela s'est réalisé.

« Les marchands du champ de foire se dépêcheront
» d'emballer. — Pourquoi ? leur dira-t-on. — Parce que
» nous voulons aller voir ce qui se passe chez nous. »

C'est ce qui est arrivé le 5 septembre, lors de
la proclamation de la République. Cette prédiction
était connue depuis longtemps à Blois, et on en
parlait chaque année à l'époque de la foire.

« On entendra le roulement de grosses voitures atte-
» lées de bœufs, qui emmèneront les effets de ceux qui
» fuiront devant l'ennemi. »

Dans les premiers jours de septembre, il y eut à Blois un énorme défilé de voitures massives, attelées de bœufs, sur lesquelles des cultivateurs de la Lorraine emmenaient leurs meubles, grains et fourrages, en fuyant devant l'invasion. A Blois, une voiture attelée de bœufs est un phénomène qui ne se voit pas deux fois en dix ans.

« On sera sur le point de faire de faire de grandes » élections ; mais elles n'auront pas lieu. »

Ceci se rapporte au décret rendu pour la nomination d'une Assemblée nationale, lequel fut bientôt révoqué.

« Avant le temps des troubles, on viendra dans les » églises et on fera dire des messes pour les hommes qui » seront au combat. »

Cela s'est fait en 1870. Ainsi la prophétie annonçait que la guerre étrangère précéderait la guerre civile.

« On ne saura les nouvelles au vrai que par quelques » lettres particulières. »

Blocus de Paris par les Prussiens ; lettres envoyées en ballons.

« Ces pauvres Carmélites ! leur fête !.... Mais vous, » ferez-vous la vôtre ? »

Le jour de la fête des Carmélites, 15 octobre, on apprit que les Prussiens étaient entrés à Beau-

gency ; et, regardant comme probable leur arrivée
à Blois, on craignait de ne pas célébrer la fête de
sainte Ursule, qui venait au bout de quelques jours.

« Quelle agitation ! quel trouble ! C'est la 19ᵉ semaine.
» Il y aura une nuit pendant laquelle personne ne dor-
» mira. »

Dans sa première édition, M. Richaudeau re-
marquait qu'il n'y avait pas eu beaucoup de trouble et d'agitation dans la ville et au couvent le
15 octobre, lorsqu'on allait entrer dans la 19ᵉ semaine après la Pentecôte (c'est ainsi que l'on
croyait devoir compter). Mais, dans sa dernière
édition, l'aumônier raconte que, le 10 décembre,
les Prussiens étant arrivés en face de Blois et
menaçant la ville d'un bombardement général,
l'agitation et la terreur furent extrêmes. Les religieuses passèrent la nuit en prières devant le Saint
Sacrement. Les enfants couchèrent dans une cave.

Or c'était la 19ᵉ semaine après l'ouverture de
la guerre.

« A un certain moment, il y aura beaucoup de malades
» dans la maison, et tout à coup il n'y en aura plus. »

Il s'agit de l'ambulance établie dans la maison,
et renfermant de quinze à vingt malades pendant
plusieurs mois, puis entièrement vidée dans l'espace de quelques jours.

CHAPITRE VIII

PRÉDICTIONS RELATIVES AUX ÉVÉNEMENTS PUBLICS EN 1871, JUSQU'AU MOMENT ACTUEL

—

« Tant qu'on priera, il n'arrivera rien ; mais il viendra
» un moment où l'on cessera de faire des prières publi-
» ques ; on dira : « Les choses vont rester comme cela. »
» C'est alors qu'auront lieu les événements. Néanmoins
» les prières particulières ne cesseront pas. »

La paix étant faite avec les Prussiens, les prières publiques cessèrent, et l'on crut que tout était
fini. C'est alors que s'organisa et se déclara l'insurrection de Paris. Néanmoins les prières particulières continuaient.

« Que ces troubles sont effrayants ! Pourtant ils ne
» s'étendront pas dans toute la France, mais seulement

» dans quelques grandes villes où il y aura des massa-
» cres, et surtout dans la capitale, où le massacre sera
» grand. »

On appliquait tout cela à la guerre étrangère,
et, après la capitulation de Paris, la prédiction
semblait erronée. Mais, à présent, la terrible lumière s'est faite. Il s'agissait évidemment des troubles et massacres à Marseille, à Lyon, à Saint-
Étienne, et surtout du grand massacre à Paris.

« Il n'y aura rien à Blois. »

Quand les Prussiens entrèrent à Blois, on re-
garda la prophétie comme mise à néant. Cependant, selon la remarque de l'aumônier, faite plus
d'un mois avant cette entrée, la prédiction n'a-
vait en vue que les *massacres*, en ajoutant qu'il
n'y aurait rien à Blois.

Ici la prophétie s'éclaire tout à coup d'un reflet
de feu et de sang.

« Il faudra bien prier, car les méchants voudront tout
» détruire. Avant le grand combat, ils seront les maîtres ;
» ils feront tout le mal qu'ils pourront, mais non tout ce
» qu'ils voudront, parce qu'ils n'auront pas le temps.

» Ce grand combat sera entre les bons et les méchants,
» il sera épouvantable ; on entendra le canon à neuf
» lieues à la ronde.

» Ce temps sera court ; s'il était long, personne n'y
» tiendrait. »

C'est le tableau frappant des derniers événements de Paris.

« Il y aura un orage qui ressemblera à un petit juge-
» ment dernier. »

Est-ce dans l'ordre physique ou dans l'ordre moral ? La mère Providence ne peut pas le dire.

Serait-ce la nuit terrible où Paris fut enveloppé d'un linceul de flamme et de fumée ? N'y eut-il pas dans l'air comme un écho du *Dies iræ ?*

« Les bons, étant moins nombreux, seront un moment
» sur le point d'être anéantis. »

Faut-il appliquer ceci aux bataillons des gardes nationaux amis de l'ordre, qui, faute d'entente et d'organisation, étant moins nombreux que ceux des insurgés, faillirent être détruits ?

« Mais, ô puissance de Dieu ! tous les méchants péri-
» ront, et beaucoup de bons. »

Ce *grand coup final,* dont parlait Mme la Supérieure des Ursulines, dans sa lettre écrite l'an passé, a-t-il été frappé sur les insurgés de Paris ?

Un *grand coup ?* soit ; *final ?* je ne le crois pas.

CHAPITRE IX

PRÉDICTIONS QUI NE SE SONT PAS ENCORE ACCOMPLIES

—

Ce qui donne lieu de penser que tout n'est pas fini, ce sont les passages suivants :

« Quelques prêtres se cacheront. Les églises seront
» fermées, mais si peu de temps, qu'à peine l'on s'en
» apercevra. Ce sera au plus l'espace de vingt-quatre
» heures.

» Vos élèves sortiront presque aussitôt qu'elles seront
» rentrées ; on viendra les chercher les unes après les
» autres.

» On dira que vous êtes sorties, mais ce ne sera pas
» vrai. »

Voici surtout une prédiction d'une extrême gravité :

« A la fin, trois courriers viendront. Le premier an-
» noncera que tout est perdu. Le second, qui arrivera
» pendant la nuit, ne rencontrera qu'un seul homme

» appuyé sur sa porte.— Vous avez grand chaud, mon
» ami, lui dira cet homme; descendez prendre un verre
» de vin. — Je suis trop pressé, répondra le courrier;
» puis il continuera sa route vers le Berry. »

Si ce courrier à cheval doit avoir chaud au milieu de la nuit, on sera en été.

« Vous serez en oraison quand vous entendrez dire que
» deux courriers sont passés; alors il en arrivera un
» troisième, feu et eau, qui dira que tout est sauvé, et
» qui devra être à Tours dans une heure et demie. »

Il y a deux oraisons par jour au couvent des
Ursulines : l'une de cinq heures et demie à six
heures et demie du matin, et l'autre de quatre
heures et demie à cinq heures du soir. La mère
Providence ne sait pas de laquelle il est question.

Quand la moitié du gouvernement siégeait à
Tours, on croyait que le dernier courrier devait
lui apporter la nouvelle de la défaite des Prussiens. Plus tard, voyant qu'on s'était trompé, l'on
accusa d'erreur la prophétie. On doit maintenant
reconnaître qu'il s'agit d'événements non encore
accomplis.

« Il y aura des choses telles, que les plus incrédules
» seront obligés de dire : Le doigt de Dieu est là ! »

Malgré la récente manifestation de ce doigt
suprême, dans les terribles châtiments infligés à
des coupables de tout genre et de toute condition,

malgré tant de ruines entassées par le souffle dé-
vastateur de l'école du néant, les incrédules sont
tellement aveugles qu'il faut peut-être que la main
de Dieu sur nous s'appesantisse encore pour faire
à leurs yeux éclater la lumière.

Peut-on croire que le jour ait pénétré au fond
des âmes, lorsque, après de si rudes leçons, tant
de gens montrent qu'ils n'ont rien appris, rien
oublié ; lorsque, à Paris, sur un sol encore humide
de sang et couvert de débris, on voit les frivolités
et les indécences reparaître et fleurir, comme si
rien ne s'était passé ?

Tout en nous annonçant de nouvelles épreuves,
les derniers articles de la prophétie nous consolent
et raniment par l'assurance qu'elles seront cour-
tes et suivies d'un heureux dénoûment.

« Vous chanterez un *Te Deum*. Parlez-moi de ce *Te*
» *Deum !* Ce sera un *Te Deum* comme on n'en a jamais
» chanté. »

La mère Providence, il y a plusieurs années,
a dit à M. Richaudeau que tout le clergé de la
ville viendrait aux Ursulines pour ce *Te Deum*,
ce qui semble annoncer que cette action de grâces
se rapporte à quelque faveur divine particulière à
la communauté. D'autant plus que celle-ci doit
jouir ensuite d'une grande et longue prospérité :
« Vous n'en verrez pas la fin », disait la sœur

Marianne à sa confidente. « Ce sera à qui, parmi
» les mères, voudra vous donner ses filles. »

Cette faveur ne consisterait-elle pas dans le
don de prophétie accordé à l'humble tourière, et
cette prospérité ne serait-elle pas l'effet de l'en-
thousiasme public, excité par l'entier accomplissement de ses prédictions?

« Il faudra quinze à vingt ans pour que la France se
» relève de ses désastres. »

M. Richaudeau a recueilli lui-même ces paroles
de la bouche de la mère Providence, longtemps
avant nos malheurs. Il faut bien cet intervalle
pour réparer nos pertes.

« Cependant le calme renaîtra ; et, jusqu'à une paix
» parfaite et jusqu'à ce que la France soit plus florissante
» et plus tranquille que jamais, il s'écoulera à peu près
» vingt ans. »

Mais, avant cette époque, l'ordre moral prendra
une nouvelle face.

« Le triomphe de la religion sera tel, que l'on n'a ja-
» mais rien vu de semblable. Toutes les injustices seront
» réparées ; les lois civiles seront mises en harmonie avec
» celles de Dieu et de l'Église ; l'instruction donnée aux
» enfants sera éminemment chrétienne. Les corporations
» d'ouvriers seront rétablies. »

Heureuse prédiction, même sous le rapport
purement social ! « Cherchez, dit l'Évangile, le

» royaume de Dieu et sa justice, et tout le reste
» vous sera donné par surcroît ! »

Si l'on prie, si l'on adore, si le sentiment du
devoir, l'esprit chrétien d'abnégation et de charité,
parmi nous renaissent et se développent, oh ! alors
la France sortira de l'abîme et remontera plus
haut que jamais.

Sinon, non.

Pour prédire infailliblement ces résultats, il n'est
pas besoin d'être prophète.

A la fin de son entretien avec sa confidente, la
sœur Marianne ajouta :

« Ah ! que c'est beau, que c'est beau ce que j'ai encore
» à vous dire ! »

Mlle de Leyrette la quitta pour aller au salut
qui se donnait à la chapelle ; quand elle retourna,
la voyante venait d'expirer, emportant ainsi dans
la tombe le secret de cet heureux avenir.

Mais tout cœur vraiment catholique ne peut
s'empêcher ici de songer au Pape. Quoi de plus
beau à espérer que sa délivrance ? Si jadis on a tué
le veau gras pour fêter le retour de l'enfant pro-
digue, quelle joie, quelles actions de grâces à la
rentrée du père de famille dans toute la plénitude
de ses droits et de sa liberté ! *Quid retribuam !*

A quand ce jour béni ?... O justice de Dieu ! que
vous nous semblez tardive, à nous qui vivons l'es-

pace d'une minute ! mais comme vous éclatez fou-
droyante aux heures inévitables souverainement
fixées dans les desseins éternels !...

A présent, mettons face à face les articles de
la prophétie et les événements qui les accomplissent.

CHAPITRE X

PRÉDICTIONS	ÉVÉNEMENTS
« Dans six mois, votre » mère ne pourra plus s'op- » poser à ce que vous soyez » religieuse. »	Six mois plus tard, Mme de Leyrette était morte.
« On quittera la maison » pour une autre. »	Huit ans plus tard, les Ursulines allèrent s'installer dans le local actuel.
« Voilà que des religieu- » ses ne voudront pas y » aller. »	Deux religieuses refu- sèrent de suivre et se re- tirèrent.
« Mais il faut un mur... »	Il manquait un mur au jardin du nouvel éta- blissement.

PRÉDICTIONS	ÉVÉNEMENTS
« Eh bien, on y mettra » une cafetière d'argent. »	Une bienfaitrice fit élever ce mur, en disant : « Je voulais acheter une cafetière d'argent; j'en fais le sacrifice pour mettre le prix dans cette construction. »
« Il y aura un évêque à » Blois. »	Treize ans plus tard, le siége de Blois fut rétabli contre toute probabilité.
(Elle indiqua les sœurs et les mères qui le verraient, et celles qui ne le verraient pas).	Cela s'est réalisé.
(M. de Boisville ayant été nommé évêque de Blois, et ses malles étant déjà arrivées, la mère Providence dit :)	(A cette époque, la sœur St-Aubin, qui ne devait pas voir l'évêque, vivait encore.)
« Nous n'y sommes pas » encore. »	Le concordat, qui instituait le siége de Blois, n'ayant pas été présenté aux Chambres, M. de Boisville fut appelé à l'évêché de Dijon.
(Six ans plus tard, M. de Sauzin étant nommé à l'évêché de Blois, Providence dit :)	

PRÉDICTIONS	ÉVÉNEMENTS
« Cette fois nous y sommes. »	En effet, la mère St-Aubin mourut en juillet, et l'évêque arriva au mois d'août.
« La sœur Monique ne verra pas l'évêque. »	Cinq mois avant l'arrivée de l'évêque, la sœur Monique devint aveugle.
« Mais elle saura qu'il est venu. »	Deux mois avant cette arrivée, elle était moribonde et ne rendit le dernier soupir que le lendemain de la visite de l'évêque au couvent.
« L'évêque s'absentera dans un château. Nos Messieurs iront le voir le matin et reviendront le soir. »	Après avoir déclaré qu'il ne ferait pas accomplir cette prédiction, Mgr des Essarts, étant tombé malade, alla prendre l'air de la campagne au château de Bouceuil.
« La famille des Bourbons reviendra en France alors qu'elle semblera oubliée, parce qu'un usurpateur fera retentir son nom partout. Sa décadence arrivera lorsqu'il se croira le plus affermi. »	Chute de l'Empire. Restauration.
« Malheureusement il re-	Retour de l'île d'Elbe.

PRÉDICTIONS	ÉVÉNEMENTS

» paraîtra avant un an
» d'exil et régnera. »

« Il ne restera au plus
» que trois mois. » — Les Cent Jours.

« La France sera affligée
» par l'assassinat d'un prin-
» ce qui paraîtra l'unique
» espérance de nos rois. » — Assassinat du duc de Berry.

« Mais il revivra dans un
» fils inattendu. » — Naissance du duc de Bordeaux.

« De nouveaux troubles,
» que les mères Saint-Au-
» bin, Saint-Joseph et sœur
» Monique ne verront pas,
» auront lieu. » — Révolution de Juillet, survenue quelques années après la mort de ces religieuses.

« On se cachera dans les
» blés. » — C'est ce qui arriva durant les journées de Juillet, au dire de plusieurs personnes.

« Un courrier *feu et eau*
» ira de Blois à Tours dans
» une heure et demie. » — Création des chemins de fer.

« Si ces troubles étaient
» les derniers ! Mais ils re-
» commenceront dans un
» mois de février. Vous se-
» rez sur le point de faire
» une cérémonie de vœux,
» et vous ne la ferez pas. » — Révolution de 1848. Au mois de janvier de cette année, une novice étant sur le point d'entrer en profession, la mère Providence déclara qu'elle ne ferait pas encore ses vœux. La révolution éclatant, l'évê-

PRÉDICTIONS	ÉVÉNEMENTS
	que fit ajourner la cérémonie.
« Ensuite, avant la moisson, un prêtre de Blois partira pour Paris ; il y restera trois jours, et reviendra sans qu'il lui arrive rien. »	Journées de Juin. Un vicaire général partit pour Paris, s'y trouva renfermé par la bataille, et revint sain et sauf.
« Un autre, qui ne sera pas de Blois, partira ensuite. Il n'ira pas jusque-là, parce qu'il ne pourra pas entrer ; il reviendra le même jour. »	Un jésuite, étranger à Blois, prit à son tour le chemin de fer ; mais, les trains n'arrivant pas à Paris, il revint le soir même.
« Il y aura trois départs d'hommes pour un combat. Ceux du premier et du second départ iront jusqu'au bout et combattront. Les derniers apprendront en chemin que tout est fini, et ils reviendront. »	Tout cela s'est réalisé à Blois, lorsque les gardes nationaux partirent pour concourir à réprimer l'insurrection de Juin.
« Avant les grands désastres, on fera une construction : la principale bâtisse sera faite, mais non pas tout ce qu'on avait projeté. »	En 1861, le couvent acheta du terrain, et, en 1867, on y jeta les fondements d'une église ; mais on n'a pas fait tout ce qu'on avait projeté.
« Plus tard, on vous interrogera sur ce que j'ai dit ; mais vous ne serez plus en état de répondre. »	Perte de mémoire chez la mère Providence, par suite de son grand âge.

PRÉDICTIONS	ÉVÉNEMENTS
« Les séminaristes seront » sortis quand les événe-» nements arriveront. Ils ne » rentreront pas au temps » fixé ; pourtant ils au-» raient pu rentrer. »	C'est ce qui a eu lieu en 1870.
« On entendra le roule-» ment de grosses voitures » attelées de bœufs, qui em-» mèneront les effets de » ceux qui fuiront devant » l'ennemi. »	Dans les premiers jours de septembre pas-sèrent à Blois, en pareil équipage, des cultiva-teurs de la Lorraine fuyant devant l'inva-sion. Or, dans cette ville, une voiture attelée de bœufs est un phénomène qui ne se voit pas deux fois en dix ans.
« Les marchands du « champ de foire se dépê-« cheront d'emballer pour « aller voir ce qui se passe « chez eux. »	C'est ce qu'on vit à Blois, le 5 septembre, lors de la proclamation de la république.
« On sera sur le point de » faire de grandes élec-» tions ; mais elles n'auront » pas lieu. »	Décret pour la nomi-nation d'une Assemblée nationale, bientôt révo-qué.
« Avant le temps des » troubles, on viendra dans » les églises, et l'on fera » dire des messes pour les » hommes qui seront au » combat. »	Avant les insurrec-tions, il y a eu la guerre.

PRÉDICTIONS	ÉVÉNEMENTS

« On ne saura de nouvelles au vrai que par quelques lettres particulières. »

« Ces pauvres Carmélites!.. Leur fête!.. Mais vous, ferez-vous la vôtre ?

« Quelle agitation! Quel trouble! C'est la dix-neuvième semaine. Il y aura une nuit pendant laquelle personne ne dormira.»

« A un certain moment, il y aura beaucoup de malades dans la maison ; et tout à coup, il n'y en aura plus. »

« Il viendra un moment où l'on cessera de faire des prières publiques. On dira : les choses vont rester comme cela. C'est alors qu'auront lieu les événements. Néanmoins, les

Lettres envoyées de Paris en ballon.

Le jour de la fête des Carmélites, 15 octobre, quelques jours avant celle des Ursulines, on sut que les Prussiens étaient arrivés à Beaugency, et on les attendait à Blois.

Le 10 décembre, dix-neuf semaines après l'ouverture de la guerre, les Prussiens menacèrent de bombarder Blois. Agitation extrême ; on coucha dans les caves.

Ambulance établie dans le couvent, renfermant beaucoup de malades, et puis entièrement vidée dans quelques jours.

Après la paix faite avec les Prussiens, les prières publiques cessèrent, et l'on crut que tout était fini. C'est alors que l'insurrection s'organi-

PRÉDICTIONS	ÉVÉNEMENTS
» les prières particulières » ne cesseront pas. »	sa. Les prières particuculières continuaient.
« Que ces troubles sont » effrayants ! Pourtant ils » ne s'étendront pas dans » toute la France, mais seu- » lement dans quelques » grandes villes, où il y au- » ra des massacres, et sur- » tout dans la capitale, où » le massacre sera grand. »	Troubles et massacres à Marseille, à Lyon, à Saint-Etienne, et surtout à Paris.
« Les méchants voudront » tout détruire. Avant le » grand combat, ils seront » les maîtres. Ils feront » tout le mal qu'ils pour- » ront, mais non pas tout » ce qu'ils voudront, parce » qu'ils n'en auront pas le » temps. Ce grand combat » sera entre les bons et les » méchants; il sera épou- » vantable. On entendra le » canon de neuf lieues à la » ronde. »	Règne des insurgés, qui n'ont pas eu le temps de massacrer tous les ôtages et de brûler tous les monuments. Grand combat d'artillerie.
« Il y aura un orage qui » ressemblera à un petit ju- » gement dernier. »	
(La mère Providence ne peut pas dire si ce sera dans l'ordre phy- sique ou dans l'ordre moral.)	Serait-ce le moment où l'incendie et l'épou- vante bouleversèrent Pa- ris? *Solvet seclum in fa- villâ.*

CHAPITRE XI

RÉFLEXIONS FINALES

—

En résumé, la prophétie s'est montrée constamment exacte dans son ensemble et dans ses détails. Aucun des événements qui se sont succédé n'est venu la démentir, et plus d'un l'a confirmée. Ces prédictions diverses, fidèlement accomplies, se prêtent mutuellement une haute valeur, une force invincible. C'est la puissance du faisceau.

S'il reste encore quelques passages obscurs, quelques dates incertaines, cela tient à une cause qu'on remarque dans toutes les prophéties. Pour le voyant dont l'œil pénètre l'avenir, la distinction des époques s'efface, comme s'effacerait l'appréciation des distances pour le regard qui pourrait franchir indéfiniment l'horizon.

En outre, le défaut de suite dans les communications faites, à bâtons rompus, par la mère Providence, explique une certaine confusion dans l'ordre des événements annoncés.

Pourquoi la sœur Marianne a-t-elle empêché d'écrire sous sa dictée? Il y a lieu de croire que c'est par humilité. D'ailleurs, qu'avait-elle surtout en vue? La prospérité du couvent. Après s'être dévouée, sous le règne de la Convention, au service des sœurs Ursulines persécutées, cette sainte fille, au milieu de l'état précaire où se trouvait la communauté en 1804, se sentant tout à coup favorisée d'une vision prophétique, confie ses révélations à une jeune postulante qu'elle prévoit devoir être pendant longues année le soutien du couvent. Il suffisait à Marianne de graver ses prédictions dans l'esprit de la dépositaire sans les fixer sur le papier.

Devenue religieuse, Mlle de Leyrette parla naturellement de ces prédictions. On en rit d'abord; mais, à mesure qu'elles s'accomplissaient dans la communauté, on leur accorda une attention toujour croissante, et, en définitive, une confiance absolue. Peu à peu elles se répandirent en ville et parmi les visiteurs éloignés; de là de nombreuses versions, qui, en général, diffèrent peu les unes des autres.

Pourquoi la céleste influence qui a mis ces prédictions dans la bouche d'une mourante n'a-t-elle pas voulu qu'elles fussent aussitôt consignées par écrit ? Sans doute parce que, en dehors des grandes prophéties relatives à l'établissement et au développement du christianisme, la divine Sagesse préfère nous laisser toute l'initiative convenable pour faire nous-mêmes notre avenir.

Profitons cependant de ces lueurs exceptionnelles, sans nous endormir dans une attente passive. Tout en prédisant la défaite des méchants, « Il faudra bien prier », disait Marianne. Il faut prier, il faut agir ; il faut, par nos efforts, nous associer à l'œuvre d'en haut.

Quand l'immortelle héroïne de la France sonnait la charge contre les Anglais, dont les révélations qu'elle avait reçues lui montraient d'avance la défaite : — « Puisque le Ciel s'en charge, lui disait-on, à quoi bon nous en mêler ? » Jeanne d'Arc répondit : — « Les gens d'armes batailleront, et » Dieu donnera la victoire. »

Faisons notre devoir, et le succès ne peut faillir !

Remarquons en général que Dieu, en révélant aux humbles et aux ignorants ce qui reste caché aux savants et aux superbes, fait ainsi éclater, dans la faiblesse des instruments, la puissance de la main qui les dirige. Cette pauvre tourière, presque toujours en oraison pendant son travail, souvent avec effusion de larmes, était un digne véhicule des faveurs célestes.

Et sa fidèle confidente, cette jeune fille chargée du dépôt de ces prédictions, parce qu'elle doit vivre de longues années pour les voir s'accomplir jusqu'au bout, n'offre-t-elle pas elle-même, par son âge de quatre-vingt-treize ans, une preuve vivante, un témoignage frappant de l'inspiration prophétique qui a dicté ces révélations ? On dirait qu'elle attend, pour quitter ce monde, que la réalisation finale des prédictions lui donne congé. Alors, au point d'aller rejoindre la sœur Marianne, elle pourra chanter : *Nunc dimittis !*

L'accomplissement de la majeure partie de ces prédictions, en général si tristes, nous promet celui de la dernière partie, si consolante. Puisque la vénérable nonagénaire doit voir d'heureux événements, ils ne sauraient tarder longtemps, et les vieillards les plus avancés en âge peuvent espérer d'en être aussi témoins.

Courage donc, et relevons nos âmes !

« Gloire à Dieu dans le ciel !

» Et paix, sur la terre, aux hommes de bonne » volonté ! »

APPENDICE

—

CHAPITRE XII

DU DON DE PROPHÉTIE. — LES BONS ET LES MAUVAIS ANGES

—

Dans le sens absolu, Dieu seul connaît l'avenir. Du haut de son éternité, il embrasse à la fois tous les temps, passé, présent, futur. Pour lui, ni intervalles, ni distances; espace ou durée, l'infini lui appartient.

Il peut faire à l'homme la grâce de lui dévoiler l'avenir : *Locutus est per prophetas.*

Les anges bons ou mauvais, sans connaître naturellement l'avenir en lui-même, arrivent, par la claire intuition des causes actuelles, à la découverte des conséquences futures qui échappent à nos faibles regards.

Ici, je vois les incrédules sourire. Qu'y a-t-il donc d'incroyable dans l'existence de ces esprits surhumains, dont la révélation nous atteste la réalité par des enseignements bien supérieurs, mais nullement contraires à ceux de la raison? Si l'inspection du monde matériel nous montre l'échelle des êtres s'élevant, par d'innombrables degrés, depuis l'atome inerte jusqu'à l'homme, l'analogie nous découvre à son tour le complément de cet ordre hiérarchique dans le monde des intelligences, qui monte graduellement sur nos têtes jusqu'au pied du trône de Dieu. A la fois âme et matière, véritable point de tangence de ces deux mondes, l'homme occupe le plus haut rang dans la sphère des corps, le plus bas dans la sphère des esprits. Quoi de plus rationnel?

— Passe encore pour les anges, dira-t-on peut-être; mais croire aux démons! ce n'est pas digne de notre siècle.

— Reste à savoir si notre siècle est infaillible, si même il est là-dessus plus éclairé que tel autre.

— Comment! le siècle des lumières!...

— Et des incendies.... Pas de phrases! Raisonnons.

Le plus magnifique don accordé à une créature est la liberté ; c'est l'apanage suprême de l'intelligence. Pendant que les astres qui nous éclairent, commes les grains de sable que nous foulons sous nos pas, sont soumis à des lois irrésistibles dont ils n'ont pas conscience, l'homme possède le privilége de la liberté. Les animaux eux-mêmes en ont une parcelle, un diminutif : le chien peut obéir ou désobéir à son maître ; le ver de terre peut, à son gré, ramper à droite ou à gauche. Mais combien misérable est cette liberté des brutes à côté de la nôtre ! et combien inférieure est la nôtre à celle des anges !

Or toute créature libre peut abuser de sa liberté. En voulant s'assimiler à l'Être souverain, des anges ont failli ; et, dans l'ordre moral comme dans l'ordre physique, plus on tombe de haut, plus terrible est la chute, plus désastreuses en sont les suites !

Les anges déchus, voilà les démons. Ici encore, quoi de plus rationnel ?

Tels sont les enseignements de la foi. La secte *positiviste* s'emprisonne dans la matière en écartant le monde surnaturel, sous prétexte que l'observation physique ne peut le saisir. Comme s'il n'y avait pas d'autres voies et moyens pour atteindre ce but !

Autant vaudrait supprimer tout voyage aux îles

Britanniques faute de pouvoir y aller par terre.

Outre l'inspiration divine, qui seule dicte les véritables prophéties, nous pouvons, en fait de seconde vue, recevoir les influences des bons ou des mauvais anges, influences opposées, dont la source est souvent difficile à discerner, les esprits de ténèbres ayant l'adresse, pour nous séduire, de se déguiser en esprits de lumière.

CHAPITRE XIII

DE LA PRÉVISION ORGANIQUE. — RAPPORT A L'ACADÉMIE DE MÉDECINE DE PARIS.

—

Maintenant surgit une question épineuse, savoir si l'âme humaine possède une faculté naturelle de prévision.

Il est bien entendu qu'il ne s'agit pas ici de la prévoyance scientifique ou conjecturale.

« La prévision naturelle, dit Bacon, se montre » évidemment pendant les extases, les songes, » etc. (1). »

Un écrivain plus religieux, Joseph de Maistre, exprime la même pensée : « L'esprit prophétique » est naturel à l'homme (2). »

(1) *Du Progrès des sciences*, liv. IV.
(2) *Soirées de Saint-Pétersbourg*, tom. II, pag. 285.

Le mot propre serait : la faculté de prévision.

On lit dans le *Dictionnaire encyclopédique de théologie catholique :* « L'homme peut, par suite
» de dispositions exceptionnelles, voir au delà du
» temps, comme si ce qu'il aperçoit dans ce cas
» était actuel. Nous ne reconnaissons là qu'un phé-
» nomène naturel, quoique extraordinaire (1). »

Sans accorder à l'âme la connaissance directe de l'avenir, saint Thomas d'Aquin admet qu'elle peut, sous ce rapport, outre l'influence des causes spirituelles, recevoir l'impression de ce qu'il appelle *les causes supérieures corporelles* (2).

Tâchons d'éclaircir ce point délicat.

Il est une faculté de prévision que j'appellerai *organique,* parce qu'elle se déclare dans certains états particulier de l'organisme, où l'instinct vital, le sens intérieur, sont surexcités pendant que sommeillent en général les sens externes. Ainsi concentrée dans ses foyers intimes, la sensibilité, vivement exaltée, perçoit les germes latents des futures évolutions physiologiques ou morbides.

Ce phénomène se manifeste parfois dans quelques névroses, et particulièrement dans le somnambulisme, soit spontané, soit provoqué ou magnétique.

(1) Tom. XIX, pag. 200.
(2) *Somme théologique,* tom. II, pag. 138.

Pour juger le somnambulisme d'après les documents les plus sûrs, ouvrons les archives officielles de la science.

Une commission, choisie parmi les membres de l'Académie de Paris pour l'examen du magnétisme, décrivit en détail, par l'organe de son rapporteur (1), les phénomènes extraordinaires dont elle avait été témoin, et entre autres quelques faits de prévision qu'elle résume de la manière suivante :

« Nous avons rencontré chez des somnambules
» la faculté de prévoir des actes de l'organisme
» plus ou moins éloignés, plus ou moins compli-
» qués. L'un d'eux a annoncé plusieurs jours,
» plusieurs mois d'avance, le jour, l'heure et la
» minute de l'invasion et du retour d'accès épilep-
» tiques; un autre a indiqué l'époque de sa guéri-
» son. Leurs prévisions se sont réalisées avec une
» exactitude remarquable (2). »

Quel étrange développement de la faculté qu'ont en général les malades de pressentir des crises plus ou moins imminentes!

Cependant de nouvelles attaques, également an-

(1) Le rapport est signé par MM. Burdois de la Motte, Fouquier, Guéneau de Mussy, Guersent, Itard, J. Leroux, Marc, Thillaye et Husson, médecin en chef de l'Hôtel-Dieu, rapporteur.

(2) *Rapports de l'Académie de médecine*, recueillis par le Dr Foissac, pag. 204.

noncées, n'eurent pas lieu, par la raison péremptoire que le malade, deux jours après une séance magnétique, fut écrasé par une voiture et mourut le lendemain.

Ainsi, après avoir prévu des accès fort éloignés, il ne prévit pas le malheur qui allait le frapper. Cela s'explique : les accès tenaient à une cause intérieure et permanente; l'accident mortel fut le résultat d'une cause étrangère et fortuite.

Quant à ceux des accès annoncés que la mort prévint, ce fut là, selon l'ingénieuse comparaison du rapporteur, « comme l'aiguille d'une montre » qui, dans un temps donné, doit parcourir une certaine portion du cercle d'un cadran, et qui ne » la décrit pas, parce que la montre vient à être » brisée (1). »

D'autres membres de l'Académie, les docteurs Rostan (2) et Georget (3), ont également publié des faits de ce genre. Ce dernier déclare dans son testament que ce sont de telles observations qui l'ont fait renoncer au matérialisme.

Il serait facile de multiplier ces citations. Je me borne à rapporter les déclarations suivantes : « Dans l'état de somnambulisme, dit le professeur » Frank, les sujets peuvent rendre un compte très-

(1) Foissac, p. 189.
(2) *Dictionn. de médecine* en 20 vol., art. MAGNÉTISME.
(3) *Physiologie du système nerveux.*

» exact des changements qui auront lieu dans leur
» organisme (1). »

« Le somnambule, dit le professeur Burdach,
» a une sorte de prescience des changements qui
» doivent survenir en lui, et il prédit avec précision
» la nature et l'époque de ces futures modifica-
» tions (2). »

Il va même quelquefois jusqu'à prévoir les phénomènes organiques qui doivent se manifester sur
des malades avec lesquels sa vive sensibilité le met
en rapport et, en quelque sorte, l'identifie.

Du reste, la faculté de prévision, ainsi que d'autres facultés extraordinaires, ne se rencontre pas
chez tous les somnambules, et leur lucidité se
montre mêlée de défaillances, d'imperfections et
d'erreurs.

Voilà pourquoi leurs avis ne doivent être reçus,
pour ainsi dire, que sous bénéfice d'inventaire, et
avec le contrôle du médecin.

(1) *Traité de pathologie interne*, tom. II, p. 22.
(2) *Traité de physiologie*, tom. V, p. 226.

CHAPITRE XIV

ENCYCLIQUE SUR LES ABUS DU MAGNÉTISME

—

La distinction entre la prévision organique et la divination proprement dite est marquée dans l'encyclique adressée, en 1856, à tous les évêques, sur la question du magnétisme. Voici les passages essentiels de ce grave document, destiné à servir de règle dogmatique et pratique.

Le préambule annonce qu'il s'agit de faire cesser les *abus* du magnétisme. Cette méthode n'est donc point condamnable en elle-même; l'abus suppose l'usage licite. On n'abuse pas de ce qui est mauvais.

« Un nouveau genre de superstition, dit l'en-
» cyclique, a surgi des phénomènes magnétiques,
» auxquels s'attachent aujourd'hui bien des per-
» sonnes, non point pour éclairer les sciences phy-
» siques, comme il serait convenable, mais pour

» tromper et séduire les hommes avec la préten-
» tion de découvrir des choses cachées ou futures,
» au moyen d'une sorte de prestige magnétique,
» surtout par l'intermédiaire de femmes peu recom-
» mandables (*mulierculæ*, dit le texte latin).

» En 1847, le Saint-Siége a déjà décidé qu'en
» écartant toute erreur (théologique), tout sorti-
» lége, toute invocation explicite ou implicite du
» démon, l'usage du magnétisme, c'est-à-dire l'em-
» ploi pur et simple de moyens physiques, licites
» en eux-mêmes et sans mauvais but, n'est nulle-
» ment défendu.

» Mais, abandonnant l'étude régulière de la
» science, des hommes voués à la recherche de ce
» qui peut satisfaire la curiosité, au grand détri-
» ment du salut des âmes, et même au préjudice
» de la société civile, se vantent d'avoir trouvé un
» moyen de prédire et de deviner. Des femmes
» de cette espèce prétendent voir toute sorte de
» choses invisibles, et s'arrogent la faculté de tran-
» cher sur la religion, d'évoquer les âmes des
» morts avec des pratiques superstitieuses, desti-
» nées à se procurer à elles-mêmes et à leurs maî-
» tres des gains considérables. Il y a là fourberie
» tout à fait condamnable (1). »

(1) Le texte latin de l'encyclique se trouve dans la *Re-
vue des sciences ecclésiastiques*, par l'abbé Bouix, tom. Ier,
p. 420, et dans d'autres revues religieuses.

En signalant la fraude et l'avidité de certaines somnambules, l'encyclique élève un mur de séparation entre de tels sujets et ceux qui sont honnêtes et sincères, et, en même temps, entre les manœuvres du charlatanisme et les procédés de la science.

Quant à la recherche « de choses cachées ou futures, même au préjudice de la société civile », l'encyclique montre clairement qu'elle n'a pas en vue la prévision des actes morbides ou curatifs, mais les prédictions plus ou moins capables de troubler l'ordre public. Elle ne prononce pas un mot de blâme contre l'application de la lucidité des somnambules à la médecine, c'est-à-dire (pour ne pas sortir de notre sujet) au pronostic extra-scientifique, ou découverte anticipée de crises futures complétement inaccessibles à la prévoyance du plus habile médecin. L'encyclique fait, au contraire, le reproche de s'écarter du véritable but du magnétisme, consistant « à éclairer les sciences phy-
» siques. »

Elle condamne la prétention « de voir, des choses invisibles » (ou, comme dans le Symbole des apôtres, appartenant au monde spirituel), « de » trancher sur la religion, d'évoquer les âmes des » morts. » Écrite au moment où la vogue du spiritisme était à son apogée, l'encyclique combattait surtout cette déplorable aberration du magnétisme fourvoyé.

En résumé, il faut déclarer avec Mgr de Poitiers que Rome « ne condamne pas l'usage du magné-
» tisme en lui-même, et l'emploi qui peut en être
» fait par la médecine, sous toute réserve de pru-
» dence et de convenance (1). »

On peut appliquer au somnambulisme les paroles suivantes de saint Thomas sur les songes :
« Si l'on fait usage des songes pour connaître l'a-
» venir, selon qu'ils proviennent d'une cause na-
» turelle intrinsèque ou extrinsèque, sans aller au
» delà du terme auquel la vertu de cette cause peut
» s'étendre, ce n'est point là une divination illi-
» cite (2). »

---

(1) *Lettre synodale*, citée dans *les Morts et les Vivants*.
par le père Matignon, p. 433.
(2) *Somme théologique*, tome V, p. 25.

CHAPITRE XV

—

Le mot *divination* annonce l'intention sacrilége d'usurper un attribut divin, la prescience.

Cette pratique superstitieuse et payenne mérite condamnation. L'on ne peut obtenir ainsi que des indications chimériques, issues de l'extravagance humaine, lorsqu'elles n'ont pas une origine plus sinistre. Moïse défendait sévèrement la divination (1), et le christianisme la proscrit.

Supposez un art capable de dévoiler l'avenir : il y aurait bouleversement de toute notre existence. La liberté serait sacrifiée au fatalisme ; on tomberait dans l'inertie ou dans le désespoir. Si les

(1) *Deutéronome*, ch. xviii, v. 2

matelots occupés de la conduite d'un navire appre-
naient à l'avance qu'un de ces deux événements
doit infailliblement leur arriver : soit qu'ils périront
sur le prochain écueil, soit qu'ils gagneront tran-
quillement le port, adieu la manœuvre ! Ils n'ont
plus qu'à se croiser les bras et à se coucher immo-
biles sur le pont, en attendant le sort inévitable
qui leur est destiné.

Nul moyen de s'y soustraire. On raconte que,
averti par un oracle que la chute d'une maison le
tuerait, le poëte Eschyle prit le parti de camper
au milieu des champs. Vaine précaution ! Il fut
écrasé par la carapace (c'est-à-dire la maison) d'une
tortue, qu'un aigle laissa tomber sur la tête chauve
du solitaire, comme sur un rocher.

A quoi bon l'avertissement de l'oracle, si oracle
il y a ?

Il n'en est pas ainsi des prophéties, destinées à
établir, à développer la religion, ou à élever nos
âmes par la manifestation de la main divine dans
les événements qui s'accomplissent, prophéties
dont quelques-unes sont conditionnelles, c'est-à-
dire nous menacent de châtiments que la prière
et la pénitence réussissent à détourner.

La bonté suprême a pourvu à tous nos besoins.
Fidèle gardienne du passé, la mémoire nous a été
donnée pour éclairer le présent et l'avenir. L'ex-
périence est un guide montrant le but et le che-

min : savoir, c'est prévoir. Au-dessous de l'ordre surnaturel, où resplendissent les prophéties, bornons-nous à profiter des lumières fournies par l'étude et l'observation, au lieu de follement rechercher des arts divinatoires, non moins trompeurs qu'illicites.

Mais, en dehors de ces pratiques, également condamnées par la religion et par le bon sens, n'y a-t-il pas des illuminations soudaines, des pressentiments extraordinaires, qui ne découlent point d'une source prohibée, malgré les déceptions dont ils sont parfois la cause ?

Ne peut-on pas les considérer comme une extension inouïe de la faculté de prévision plus haut décrite, faculté qui s'appliquerait non-seulement à l'organisme, mais à tout ce qui nous entoure, et dont l'instrument ne serait plus le fluide nerveux d'un certain nombre de physiologistes, mais l'éther universel de plusieurs physiciens modernes? Un tel agent représenterait les *causes corporelles supérieures* dont parle saint Thomas.

Quoi qu'il en soit de cette hypothèse ou de toute autre, il ne faut jamais, à l'instar de bien des savants, rejeter certains faits comme *non acceptables*, parce qu'ils n'entrent pas dans le cercle des théories connues. Après les avoir bien constatés, on doit franchement les admettre, sauf à rechercher ensuite si la cause en est naturelle ou surnaturelle, ce dont l'Église reste juge en dernier ressort.

Quelques états psychiques suscitent des phénomènes de prévision. « Plus l'âme s'abstrait des
» sens, dit saint Thomas, plus elle est apte à per-
» cevoir les mouvements subtils, les influences des
» causes naturelles (1). »

De même que l'instinct des animaux leur annonce la bête fauve avant qu'elle arrive, l'orage avant qu'il éclate ; de même une sensibilité particulière révèle à quelques personnes, dans des effluves imperceptibles, les signes avant-coureurs des choses qui se préparent, et, dans les entrailles du présent, découvre les parturitions de l'avenir (2).

(1) *Somme théologique,* tom. V, p. 435.
(2) Un des exemples les plus curieux de la prévision instinctive est celui de certains insectes, qui préparent d'avance pour leur progéniture un genre d'aliments dont eux-mêmes ont cessé d'user. Le sphégien femelle, cachant ses œufs dans la terre, dans les arbres, dans les murs, y dépose des insectes piqués de son aiguillon et engourdis par son venin, pour servir plus tard de pâture aux larves qui doivent éclore. Après avoir destiné ces provisions aux besoins futurs de sa descendance, le sphégien meurt avant qu'elle en use, et ne voit pas la réalisation de ce qu'il semble avoir pressenti.

Loin de moi l'idée d'assimiler cet instinct machinal, cette prévoyance pour ainsi dire aveugle, aux illuminations exceptionnelles qui parfois éclairent l'âme. Je veux seulement, dans les êtres les plus infimes, signaler des

Parmi les nuages du sommeil, surgissent parfois des traits éblouissants de lumière. « Les histoires » de tous les temps et de tous les lieux, » dit un philosophe qu'on ne peut soupçonner de crédulité, « rapportent, à l'égard des songes, tant de faits » surprenants, que ceux qui s'obstinent à tout nier » se rendent suspects ou de peu de sincérité, ou » de peu de lumières (1). »

Voici un songe d'un personnage éminent, raconté par un homme illustre, songe qui mérite en lui-même, et à ce double titre, de fixer l'attention du lecteur. Écoutons Lacordaire : « Mgr de Quélen » ne connaissait point encore mon projet (de réta- » blir en France l'ordre des dominicains) ; je dus » aller l'instruire. Après m'avoir écouté, il me dit » froidement : — Ces choses-là sont dans la main » de Dieu ; mais sa volonté ne s'est point manifes- » tée. — Or j'allais à l'instant même en recevoir » une manifestation. »

Lacordaire se levait pour prendre congé, en se recommandant à Monseigneur, lorsque l'arche- vêque, frappé d'une idée soudaine, lui dit : « Peut- » être est-ce vous qui accomplirez mon songe. —

facultés singulières, qui rendent moins étonnantes celles dont le Créateur nous favorise.

(1) Bayle, *Dictionnaire historique et critique*, article Magie.

» Quel songe, Monseigneur? — Quoi! Vous ne con-
» naissez pas mon songe? — Non, Monseigneur. —
» Eh bien! je vais vous le raconter. Asseyez-vous.
» Et alors, d'une manière charmante, comme un
» homme tout à fait changé, il me fit le récit qu'on
» va lire.

» — J'avais été nommé coadjuteur de Paris. En
» 1820, je pris un appartement à l'archevêché. Dans
» la nuit du 3 au 4 août, veille de la fête de saint
» Dominique, je me crus transporté dans les jar-
» dins du palais. Le ciel était pur et sans nuages;
» mais le soleil y paraissait couvert d'un voile noir,
» d'où ses rayons s'échappaient comme du sang;
» sa course était rapide, et il semblait se précipiter
» vers l'extrémité de l'horizon. Bientôt il y dispa-
» rut. Je vis les eaux de la Seine s'enfler par un flux
» qui venait du côté de la mer. Des monstres ma-
» rins arrivaient avec les flots, s'arrêtaient en face
» de Notre-Dame et de l'archevêché et faisaient
» effort pour se précipiter du fleuve sur le quai.
» De là, je fus transporté dans un couvent de reli-
» gieuses vêtues de noir, où je demeurai très-long
» temps. Le palais archiépiscopal avait disparu,
» et, à sa place, s'étendait sous mes yeux une
» pelouse fleurie. Puis, j'aperçus à ma droite dix
» hommes vêtus de blanc; ces dix hommes plon-
» geaient leurs mains dans la Seine, en retirant
» les monstres marins que j'y avais vus, et les dé-

» posaient sur le gazon, transformés en agneaux.»

« Vous le voyez, ajouta M. de Quélen, tout ce
» songe de 1820 s'est fidèlement accompli. La mo-
» narchie, représentée par le soleil couvert d'un
» voile noir, est tombée précipitamment, au milieu
» de la confiance et de la joie causées par la prise
» d'Alger ; le peuple s'est jeté sur Notre-Dame et
» sur mon palais. Le palais a été détruit, et une
» pelouse semée d'arbres en couvre l'emplacement.
» J'ai longtemps habité et j'habite encore, ici
» même où je vous parle, dans une maison de reli-
» gieuses vêtues de noir. Que reste-t-il pour que
» mon songe ait tout son accomplissement, sinon
» de voir à Paris ces hommes vêtus de blanc et oc-
» cupés à convertir le peuple? Or c'est peut-être
» vous qui les y amènerez. »

Peu de temps après que Lacordaire eut revêtu
l'habit blanc des frères Prêcheurs, l'archevêque
mourut.

« Ainsi, ajoute Lacordaire, dans ce songe de
» 1820, il avait vu tous les grands événements
» de sa carrière épiscopale, et le terme lui en avait
» été indiqué par l'apparition de ces religieux,
» qui devaient bientôt, en ma personne et du haut
» de la chaire de Notre-Dame, évangéliser son
» peuple (1). »

(1) *La Vie du R. P. Lacordaire*, par le R. P. Chocarne,
pag. 207.

Remarquons ici que toute inspiration prophétique a un but providentiel. Le souvenir du songe qu'avait fait M. de Quélen, *la veille de Saint-Dominique*, changea tout d'un coup les dispositions de l'archevêque, d'abord peu sympathiques aux projets de Lacordaire, et favorisa de la sorte le rétablissement des frères Prêcheurs.

Pour en revenir, en terminant, aux révélations de Blois, on ne peut y voir ni prévisions organiques, ni vagues pressentiments, ni simple inspiration des bons anges, ni, à plus forte raison, influence des mauvais. Tout bien considéré, ce que la sœur Marianne disait des événements, on peut le dire de ses prédictions :

« Le doigt de Dieu est là. »

FIN

Appendice